LAURE KIÉ

JAPANISCH

IN 4 ZUTATEN

INHALT

NACHSPEISEN

60 g Seidentofu

1 Tütchen Dashi-Pulver

1 EL Wakamé-Algen

4 gestrichene EL Miso-Paste

MISO-SUPPE

Für 4 Personen
Vorbereitung: 10 Minuten • Garzeit: 5 Minuten

Den Tofu abtropfen lassen und in kleine Würfel schneiden.

In einem Topf 1,2 l Wasser mit dem Dashi-Pulver verrühren und zum Kochen bringen.

Vom Herd nehmen, die Wakamé-Algen zugeben sowie die vorher mit ein wenig Kochflüssigkeit angerührte Miso-Paste.

Den Tofu auf Schalen verteilen und mit der heißen Suppe übergießen.

++

Im Asialaden gibt es Miso-Würfel, die bereits Dashi enthalten. Damit wird das Kochen noch leichter!

1 EL getrocknete Wakamé-Algen

½ Salatgurke

2 EL Reisessig

2 EL süße Sojasauce

JAPANISCHER GURKENSALAT

Für 4 Personen
Vorbereitung: 5 Minuten
Ruhezeit: 10 Minuten • Garzeit: 20 Minuten

Die Wakamé-Algen 10 Minuten in einer Schüssel in kaltem Wasser einweichen. Abtropfen lassen und mit den Händen gut ausdrücken.

Die Gurke schälen, längs halbieren und die Kerne entfernen. Dann das Fruchtfleisch in dünne Scheiben schneiden, mit einer Prise Salz mischen und etwa 10 Minuten in einem Sieb entwässern lassen.

Die Gurkenscheiben zusammen mit den Wakamé-Algen, dem Reisessig und der süßen Sojasauce in eine Salatschüssel geben. Vor dem Servieren vermengen.

++

Im Winter kann man die Gurke durch Daikon, einen langen weißen Rettich, ersetzen.

JAPANISCHER KRAUTSALAT

Für 4 Personen
Vorbereitung: 5 Minuten • Ruhezeit: 1 Stunde

Den Kohl in sehr feine Streifen schneiden und in eine Schüssel geben.

Den Reisessig, den Zucker, das Sesamöl und eine Prise Salz zufügen.

Mischen und vor dem Servieren 1 Stunde durchziehen lassen.

++

Sie können diesen Salat gut im Voraus zubereiten, er ist bis zu 2 Tagen im Kühlschrank haltbar.

1 Mango

2 Avocados

1 unbehandelte Limette

2 EL Sojasauce

MANGO-AVOCADO-SALAT

Für 4 Personen
Vorbereitung: 5 Minuten

Mango und Avocados schälen und die Kerne entfernen. Das Fruchtfleisch in Würfel schneiden und in eine Salatschüssel geben.

Limettenschale abreiben und den Saft auspressen.

Den Limettensaft und die Sojasauce zu den Fruchtstücken in die Salatschüssel geben und vermischen.

Mit dem Limettenabrieb dekoriert servieren.

++

Sie können die Mango durch Birne ersetzen.

SAPPORO
SAPPORO

FRITTIERTER TOFU

AGEDASHI

Für 4 Personen
Vorbereitung: 10 Minuten
Ruhezeit: 20 Minuten • Garzeit: 5 Minuten

Den Tofu in Küchenpapier wickeln und zwischen zwei Bretter gelegt etwa 20 Minuten entwässern.

Die Sauce zubereiten: In einem Topf das Dashi-Pulver, 200 ml Wasser und die süße Sojasauce mischen. 5 Minuten auf kleiner Hitze einkochen lassen.

Den Tofu vierteln und in der Maisstärke wälzen. In einem Wok ausreichend Öl erhitzen und darin die Tofustücke frittieren, bis sie eine schöne Bräunung haben. Auf Küchenpapier kurz abtropfen lassen.

Den frittierten Tofu in eine Schüssel legen und mit der Sauce begießen.

3 cm frischer Ingwer

750 g fester Tofu

3 EL Sojasauce

3 EL Sesamöl

INGWER-TOFU

Für 4 Personen
Vorbereitung: 10 Minuten • Garzeit: 5 Minuten

Den Ingwer fein reiben und den Tofu in mundgerechte Stücke schneiden.

In einer Schüssel den Ingwer, die Sojasauce und 2 EL Sesamöl mischen.

Die Tofustücke im restlichen Sesamöl etwa 5 Minuten von allen Seiten anbraten.

Die Sauce darübergießen und gut mit dem Tofu vermischen. Vom Herd nehmen und sofort servieren.

++

Sie können statt der normalen Sojasauce auch süße Sojasauce nehmen, um einen milderen Geschmack zu erhalten.

おこしやす京

JAPANISCHES OMELETTE

Für 4 Personen
Vorbereitung: 10 Minuten • Garzeit: 10 Minuten

Das Dashi-Pulver in 50 ml heißem Wasser auflösen. In einer Salatschüssel mit Hilfe einer Gabel die Eier mit der Dashi-Brühe, dem Mirin und 1 Prise Salz zu einem Crêpe-Teig verquirlen. 1 EL Öl in einer (möglichst rechteckigen) Pfanne erhitzen und so viel Teig hineingeben, dass ein dünner Crêpe entsteht. Sobald er beginnt, Farbe anzunehmen, zu einer Seite hin aufrollen.

Wieder eine Portion Teig in die Pfanne geben, dabei den aufgerollten ersten Crêpe etwas anheben, damit Teig darunterlaufen kann. Sobald der zweite Crêpe gar ist, zur gegenüberliegenden Pfannenseite hin um den ersten Crêpe rollen.

Den Vorgang so oft wiederholen, bis der Teig verbraucht ist. So erhalten Sie je nach Form ihrer Pfanne ein rechteckiges bzw. zylindrisches Omelett.

Das Omelette auf mittlerer Hitze von allen Seiten leicht anbräunen, dann in Scheiben schneiden. Den Daikon reiben und zum Omelette servieren.

JAPANISCHER EIERSTICH

CHAWANMUSHI

Für 4 Personen
Vorbereitung: 10 Minuten • Garzeit: 25 Minuten

Den Backofen auf 150 °C vorheizen. Das Dashi-Pulver in 400 ml Wasser auflösen.

In einer Schüssel, die Eier mit der Dashi-Brühe verquirlen. Den Mirin und ½ TL Salz unterrühren.

Das Krebsfleisch auf vier Auflaufformen verteilen, dabei ein wenig für die Dekoration zurückbehalten. Die Ei-Mischung darüber-gießen.

Die Formen mit Alufolie abdecken und auf das Backofengitter stellen. 2 EL Wasser in ein darunter eingeschobenes Backblech gießen und alles 25 Minuten backen. Vor dem Servieren mit den Krebsstücken verzieren.

++

Sie können statt des Krebsfleischs auch Garnelen oder gegarte Erbsen nehmen.

2 EL weiße Miso-Paste

2 EL süße Sojasauce

2 Auberginen

einige gehackte Korianderstängel

AUBERGINEN
MIT MISO

Für 4 Personen
Vorbereitung: 10 Minuten • Garzeit: 15 Minuten

In einer Schüssel Miso und süße Sojasauce verrühren, bis die Mischung cremig wird.

Die Auberginen längs halbieren. Das Fleisch mit einer Messerspitze kreuzweise einritzen. Die Auberginen mit etwas Pflanzenöl bestreichen und mit der Schale nach oben auf ein mit Backpapier ausgelegtes Backblech legen. Je nach Größe 5–6 Minuten im Backofen grillen.

Auberginen wenden und weitere 5–6 Minuten grillen, dabei aber gut beobachten, damit ihr Fleisch weich wird, sie aber nicht verbrennen.

Die Miso-Creme auf die Fleischseite der Auberginen streichen und diese erneut unter den Grill legen bis die Creme karamellisiert (ca. 2 Minuten). Mit dem gehackten Koriander dekorieren.

GEGRILLTE SHIITAKE

16 frische Shiitake-Pilze

½ Zitrone

2 EL Sojasauce

1 EL Sesamöl

Für 4 Personen
Vorbereitung: 5 Minuten • Garzeit: 10 Minuten

Den Backofen auf 180 °C vorheizen. Die Shiitake-Pilze putzen. Den Zitronensaft auspressen.

Die Pilze in eine ofenfeste Form legen.

In einer kleinen Schüssel den Zitronensaft, die Sojasauce und das Sesamöl verquirlen.

Die Sauce über die Pilze gießen und alles 10 Minuten im Ofen garen.

++

Sie können die Shiitake-Pilze durch Austernpilze oder Champignons ersetzen.

1 Bund grüner Spargel

4 Schnittlauchhalme

1 EL Miso-Paste

2 EL Mayonnaise

SPARGEL

MISO-MAYO

Für 4 Personen
Vorbereitung: 10 Minuten • Garzeit: 6 Minuten

Das harte Ende der Spargelstangen entfernen und sie ggf. schälen.

Den Spargel in einer Pfanne mit etwas Öl 2–3 Minuten bei großer Hitze anbraten, dann die Temperatur verringern, 3 EL Wasser hinzufügen und zugedeckt 3 Minuten bei niedriger Temperatur garen lassen. Der Spargel soll gar, aber bissfest sein (mit der Spitze eines Messers überprüfen).

Den Schnittlauch in Röllchen schneiden. In einer Schüssel Miso-Paste und Mayonnaise vermischen und die Röllchen zufügen.

Den Spargel mit der Miso-Mayo-Sauce servieren.

400 g frischer Spinat

6 EL schwarze Sesamsamen

1 EL Reisessig

3 EL süße Sojasauce

SPINAT
MIT SESAM

Für 4 Personen
Vorbereitung: 10 Minuten • Garzeit: 5 Minuten

Spinat waschen, putzen und 1 Minute in kochendem Salzwasser blanchieren. Anschließend sofort in kaltes Wasser tauchen. Abtropfen lassen und mit den Händen gut ausdrücken, dann in Streifen schneiden, um den Verzehr mit Stäbchen zu erleichtern.

Die Sauce zubereiten: Die Sesamsamen in einer trockenen Pfanne rösten, dann in einem Mörser zermahlen.

Anschließend den Reisessig und die süße Sojasauce zufügen und alles vermischen.

Den Spinat mit der Sauce servieren.

150 g Weißkohl

120 g Kräuterwurst-Brät

2 TL frisch geriebener Ingwer

20 Blätter Gyoza-Teig

GYOZA

Für 4 Personen
Vorbereitung: 20 Minuten • Garzeit: 10 Minuten

Die Füllung vorbereiten: Die Kohlblätter in kochendem Salzwasser blanchieren. Abtropfen lassen und fein zerkleinern, dann in eine Schüssel geben und mit dem Wurstbrät und dem geriebenen Ingwer vermischen. Pfeffern und salzen.

Jeweils 1 gehäuften TL der Masse in die Mitte eines Teigblattes geben. Die obere Hälfte des Teigblattes anfeuchten und auf die andere Hälfte falten, dabei darauf achten, so wenig Luft wie möglich einzuschließen. Rundum gut zudrücken und in Falten legen, um die Gyoza gut zu verschließen.

Etwas Öl in einer Pfanne erhitzen und darin die Gyoza 5 Minuten goldbraun anbraten. Dann halbhoch Wasser angießen, zudecken und auf großer Flamme garen bis das Wasser ganz verdunstet ist. Den Deckel abnehmen und noch 1 Minute weiter braten.

Die Gyoza mit ihrer goldbraunen Seite nach oben auf einer Platte servieren. Eventuell ein wenig Sojasauce dazu reichen.

MAKRELEN-TATAKI

4 sehr frische Makrelenfilets

1 cm frischer Ingwer

1 Frühlingszwiebel

4 EL Ponzu-Sauce (oder Sojasauce)

Für 4 Personen
Vorbereitung: 20 Minuten

Das Makrelenfilet von Gräten und Haut befreien und in Würfel schneiden.

Den Ingwer reiben, die Frühlingszwiebel fein schneiden.

Alle Zutaten mit der Ponzu-Sauce vermischen und sofort servieren.

++

Statt der Makrele können Sie auch Sardinen, Lachs oder Thunfisch nehmen.

1 cm frischer Ingwer

100 ml Teriyaki-Sauce

4 Streifen Lachsfilet à 150 g

4 Schnittlauchhalme

LACHS TERIYAKI

Für 4 Personen
Vorbereitung: 10 Minuten
Ruhezeit: 30 Minuten • Garzeit: 10 Minuten

Den Ingwer reiben und mit der Teriyaki-Sauce mischen.

Den Lachs von Gräten befreien und auf einen tiefen Teller legen. Mit der Ingwer-Teriyaki-Mischung bepinseln und 30 Minuten im Kühlschrank marinieren lassen.

Eine beschichtete Pfanne erhitzen. Den Lachs abtropfen lassen und 4–5 Minuten auf der Hautseite liegend in der Pfanne garen. Wenden und weitere 3–4 Minuten garen. Mit dem Rest der Sauce jedes Lachsstück gleichmäßig begießen.

Den Schnittlauch in Röllchen schneiden. Den Teriyaki-Lachs mit den Röllchen bestreut servieren.

150 g weiße Miso-Paste

90 ml Mirin (Reiswein)

2 EL Zucker

8 ausgenommene Heringe

GEGRILLTER HERING
MIT MISO

Für 4 Personen
Vorbereitung: 10 Minuten • Ruhezeit: 4 Stunden (oder über Nacht) • Garzeit: 6 Minuten

In einer Schüssel Miso-Paste, Mirin und Zucker mischen. Die Heringe waschen und mit Küchenpapier abtrocknen.

In einem luftdicht verschließbaren Gefäß die Heringe mit der Miso-Sauce bepinseln. Mindestens 4 Stunden (besser über Nacht) im Kühlschrank marinieren lassen.

Die Heringe grob von der Sauce befreien.

Anschließend 3 Minuten jede Seite auf dem Grill oder im Backofen grillen.

++

Sie können den Hering durch Makrele ersetzen.

200 g sehr frisches Doradenfilet

1 Limette

2 EL Sojasauce

2 EL Sesamöl

SASHIMI
VON DER DORADE

Für 4 Personen
Vorbereitung: 10 Minuten

Das Fischfilet von Haut und Gräten befreien und in feine Streifen schneiden. Die Limettenschale abreiben und den Saft auspressen.

Die Fischfiletstreifen auf eine Servierplatte legen und mit Limettensaft und Sojasauce begießen.

In einem kleinen Topf das Sesamöl erhitzen. Wenn es zu qualmen anfängt, vom Herd nehmen und über den Fisch gießen.

Vor dem Servieren mit dem Limettenschalenabrieb dekorieren.

++

Für dieses Rezept können Sie auch Barsch oder Lachs nehmen.

½ Tütchen Dashi-Pulver

3 EL süße Sojasauce

16 rohe Garnelen

120 g Tempura-Mehl

TEMPURA-GARNELEN

Für 4 Personen
Vorbereitung: 10 Minuten • Garzeit: 15 Minuten

Die Sauce zubereiten: In einem Topf das Pulver für die Dashi-Brühe in 200 ml Wasser und der süßen Sojasauce auflösen. 5 Minuten auf kleiner Flamme reduzieren.

Die Garnelen von Kopf und Schale befreien, die Schwanzflosse jedoch belassen. Den schwarzen Darmfaden entlang des Rückeneinschnitts mit der Spitze eines Messers vorsichtig entfernen.

In einer Salatschüssel das Tempura-Mehl mit 180 ml eiskaltem Wasser verrühren. Frittieröl erhitzen.

Die Garnelen nacheinander bis zur Schwanzflosse in den Tempura-Teig tauchen und gleich darauf ins heiße Öl geben. So lange frittieren, bis sie eine goldbraune Farbe annehmen. Herausnehmen und auf Küchenpapier abtropfen.

Sehr heiß mit der Sauce servieren.

4 dünne Lauchstangen

400 g Hähnchenschenkel ohne Knochen

100 ml Yakitori-Sauce

Shichimi togarashi Gewürzmischung

YAKITORI-SPIEẞE

Für 4 Personen
Vorbereitung: 10 Minuten • Garzeit: 10 Minuten

Den Lauch waschen und die Stangen in 4 cm große Würfel schneiden. Das Hähnchenfleisch würfeln.

Lauch- und Hähnchenfleischwürfel abwechselnd auf Spieße stecken.

Die Spieße auf dem Grill oder unter der Grillfunktion des Backofens 4 Minuten grillen. Anschließend in die Sauce tauchen und nochmal 5 Minuten grillen, bis sie goldbraun sind, dabei nach der Hälfte der Zeit wenden.

Die Spieße ein letztes Mal in die Sauce tauchen und sofort servieren. Nach Geschmack mit der Gewürzmischung bestäuben.

½ Zwiebel

4 EL süße Sojasauce

1 EL Sesamsamen

400 g Rinder-Carpaccio

RIND

YAKINIKU

Für 4 Personen
Vorbereitung: 10 Minuten
Marinade : 10 Minuten • Garzeit: 1 Minute

Die Yakiniku-Sauce zubereiten: Die Zwiebel reiben und in einer Schüssel mit der süßen Sojasauce und dem Sesam mischen.

Das Rinder-Carpaccio 10 Minuten in der Sauce marinieren.

In einer Pfanne mit Öl die Fleischstreifen einige Sekunden von jeder Seite anbraten.

Sofort servieren.

++

Die Yakiniku-Sauce eignet sich auch gut, um Gemüse wie Zucchinischeiben zu marinieren.

300 g Weißkohl

4–6 EL Panko-Mehl

4 Schweineschnitzel à 150 g

1 Ei

SCHWEINE-SCHNITZEL
TONKATSU

Für 4 Personen
Vorbereitung: 15 Minuten • Garzeit: 8 Minuten

Den Kohl in sehr feine Streifen schneiden. Das Ei in einen tiefen Teller geben und verquirlen. Das Paniermehl auf einen weiteren Teller geben.

Die Schnitzel salzen und pfeffern. Erst im verquirlten Ei wenden, dann im Paniermehl (darauf achten, dass die Panade gut haften bleibt).

In einem Wok Öl erhitzen. Die Schnitzel darin 6–8 Minuten frittieren, bis sie eine goldbraune Farbe annehmen. Ggf. zwei Frittiervorgänge machen. Auf Küchenpapier abtropfen lassen.

Die Schnitzel in Streifen schneiden und auf dem fein geschnittenen Kraut servieren.

++

Man kann die panierten Schnitzel mit etwas Sojasauce oder Tonkatsu-Sauce beträufeln.

JAPAN'S No.1 BEER

2 Hähnchenschenkel ohne Knochen

2 Karotten

4 Frühlingszwiebeln

80 g japanisches Curry

JAPANISCHES
CURRY

Für 4 Personen
Vorbereitung: 15 Minuten • Garzeit: 25 Minuten

Die Hähnchenschenkel von der Haut befreien und in Würfel schneiden. Die Karotten schälen und in Scheiben schneiden. Die Lauchzwiebeln klein schneiden.

Sonnenblumenöl in einem Topf erhitzen und darin die Karottenscheiben 3–4 Minuten kräftig anbraten.

Die Hähnchenstücke und das Weiße der Zwiebeln hinzufügen (das Grün für die Dekoration zurückbehalten). 2–3 Minuten unter Rühren weiter braten. 600 ml Wasser angießen, zum Kochen bringen und 15 Minuten auf kleiner Flamme köcheln lassen.

Die Curry-Würfel zugeben und 5 Minuten bei reduzierter Wärme und unter ständigem Rühren durchziehen lassen, damit sich das Curry gut auflöst und die Sauce andickt. Mit dem Zwiebelgrün dekoriert servieren.

6 mittelgroße Kartoffeln

2 Frühlingszwiebeln

300 g Schweinekotelett

4 EL süße Sojasauce

JAPANISCHER
EINTOPF

Für 4 Personen
Vorbereitung: 15 Minuten • Garzeit: 30 Minuten

Die Kartoffeln schälen und in 3–4 cm große Würfel schneiden. Die Lauchzwiebeln klein schneiden.

Die Koteletts in einen Topf mit kochendem Wasser geben. 10 Minuten garen lassen. Das Fleisch abtropfen lassen und das Kochwasser abgießen.

Das Gemüse und das Fleisch in einen Schmortopf legen, 500 ml Wasser angießen, zum Kochen bringen und etwa 10 Minuten auf kleiner Flamme köcheln lassen.

Die süße Sojasauce zufügen, gut verrühren und weitere 8 Minuten garen. Das Fleisch von den Knochen lösen und vor dem Servieren in Streifen schneiden.

300 g japanischer Reis (2 Tassen)

8 Stücke sehr frischer Lachs

4 EL Sushi-Essig

Wasabi

LACHS-SUSHI

Für 4 Personen
Vorbereitung: 30 Minuten
Ruhezeit: 10 Minuten • Garzeit: 12 Minuten

Den Reis wie auf Seite 52 beschrieben zubereiten. Den Lachs von Gräten und Haut befreien und in 5 mm dicke Scheiben schneiden.

Die Hände befeuchten, damit der Reis nicht an ihnen kleben bleibt. Eine kleine Portion des mit Essig gesäuerten Reis auf die Handfläche nehmen, vorsichtig zusammendrücken und zu einer ovalen Kugel rollen.

Mit dem Finger auf diese Kugel und mittig auf ein Lachsstück etwas Wasabi tupfen.

Die Lachsscheibe auf die Reiskugel legen. Mit zwei Fingern erneut andrücken, diesmal den Fisch, damit er an der Kugel haftet.

Das so geformte Nigiri Sushi auf eine Servierplatte legen. Vorgang wiederholen, um 32 Sushi zu erhalten. Je nach Geschmack mit Sojasoße servieren.

300 g japanischer Reis (2 Tassen)

400 g sehr frischer Thunfisch

2 Avocados

4 EL Sushi-Essig

CHIRASHI
SUSHI

Für 4 Personen
Vorbereitung: 10 Minuten
Ruhezeit: 10 Minuten • Garzeit: 12 Minuten

Den Essigreis zubereiten: Die Reiskörner so lange abspülen, bis das Wasser klar bleibt. Abtropfen und mit 400 ml Wasser (2 Tassen) in einem Topf zugedeckt zum Kochen bringen. Dann die Temperatur reduzieren und 12 Minuten garen.

Den Topf vom Herd nehmen und 10 Minuten zugedeckt ruhen lassen. Danach den noch warmen Reis mit dem Sushi-Essig übergießen und vorsichtig vermischen. Unter einem feuchten Küchenhandtuch lauwarm abkühlen lassen.

Derweil den Thunfisch in Würfel schneiden. Die Avocados schälen, jeweils den Kern entfernen und das Fruchtfleisch in Würfel schneiden.

Den Essigreis auf 4 Schüsseln aufteilen, darauf die Thunfisch- und Avocadowürfel verteilen. Je nach Geschmack mit Sojasauce servieren.

150 g japanischer Reis (1 Tasse)

½ Salatgurke

2 Nori-Blätter

2 EL Sushi-Essig

MAKI

Für 4 Personen
Vorbereitung: 15 Minuten
Ruhezeit: 10 Minuten • Garzeit: 12 Minuten

Den Reis wie auf Seite 52 beschrieben zubereiten. Die Gurke schälen und in feine Streifen schneiden. Die Nori-Blätter halbieren.

Ein halbes Nori-Blatt mit der glänzenden, glatten Seite nach unten auf die Maki-Matte legen. Eine Portion Essigreis auf ¾ des Nori-Blattes verteilen. ¼ der Gurkenstreifen in einer Linie auf den Reis legen.

Die Zutaten mit den Fingern fixieren und den vorderen Rand der Matte anheben. Der vordere Rand des Nori-Blattes muss auf dem hinteren Ende des Reis zu liegen kommen. Die Matte zusammendrücken, sodass sich eine Rolle formt. Während man an der Matte zieht, mit der anderen Hand Stück für Stück den Maki rollen. In kurzen Abständen dabei die Rolle immer wieder vorsichtig zusammendrücken, damit das Nori-Blatt gut klebt.

Die Matte entfernen und die Rolle auf ein Brett legen. Auf die gleiche Art drei weitere Maki-Rollen formen. Jede Rolle in 6 Stücke schneiden.

450 g japanischer Reis (3 Tassen)

4 Scheiben Kochschinken

4 Eier

200 g Erbsen ohne Schale

GEBRATENER REIS

Für 4 Personen
Vorbereitung: 15 Minuten
Ruhezeit: 10 Minuten • Garzeit: 20 Minuten

Den Reis wie auf Seite 52 beschrieben zubereiten. Den Schinken würfeln. In einer Schüssel die Eier mit einer Prise Salz verquirlen.

In einem Wok etwas Pflanzenöl erhitzen. Die Ei-Masse hineingeben und sobald sie zu stocken beginnt, mit einem Teigschaber durchrühren. Kurz bevor die Masse vollständig gar ist, vom Herd nehmen und auf einen Teller geben.

In den gereinigten Wok etwas Öl geben und die Erbsen darin 5 Minuten bei mittlerer Temperatur anbraten. Salzen und pfeffern.

Die Schinkenwürfel zufügen, dann den Reis. Alles mischen und zusammen weitere 2–3 Minuten bei mittlerer Temperatur garen.

Vom Herd nehmen, das Omelette unterheben und sofort servieren.

300 g japanischer Reis (2 Tassen)

½ Dose Thunfisch

2 EL Sesamsamen

1 Nori-Blatt

ONIGIRI

Für 4 Personen
Vorbereitung: 10 Minuten
Ruhezeit: 10 Minuten • Garzeit: 12 Minuten

Den Reis wie auf Seite 52 beschrieben zubereiten. Den Thunfisch abtropfen lassen und in Stückchen zupfen.

In einer Schüssel vorsichtig den gegarten Reis, den Thunfisch, die Sesamsamen und ½ TL Salz vermischen.

Mit feuchten Händen ⅛ der Reismischung unter leichtem Druck zu einem Dreieck zusammendrücken. Der Trick besteht darin, das Dreieck so zwischen den Händen zu drehen, dass man einen gleichmäßigen Druck auf die drei Seiten ausübt (ohne den Reis zu sehr zusammenzudrücken, er darf auf keinen Fall zerdrückt werden).

Auf diese Art aus der Reismasse 8 Onigiri formen. Das Nori-Blatt in 8 Stücke teilen, die als Dekoration um die Basis der Onigiri gelegt werden.

以前職場の同僚の女性と
帰宅途中に…
ペチャクチャ
ペチャクチャ
身ぶり手ぶりで
夢中で話す
私の男っぽい手を
じーーっと見ている

1 Hähnchenschenkel ohne Knochen

450 g japanischer Reis (3 Tassen)

4 EL süße Sojasauce

1 Tütchen Dashi-Pulver

TAKIKOMI

Für 4 Personen
Vorbereitung: 10 Minuten
Ruhezeit: 10 Minuten • Garzeit: 12 Minuten

Den Hähnchenschenkel von der Haut befreien und in Würfel schneiden.

Den Reis so lange spülen, bis das Wasser klar bleibt. Abtropfen lassen und in einen Schmortopf füllen. Die Hähnchenstücke auf den Reis legen und 600 ml Wasser angießen (3 Tassen).

Mit süßer Sojasauce und Dashi-Pulver würzen. Vermischen, zudecken und zum Kochen bringen. 12 Minuten bei schwacher Hitze garen.

Den Herd abschalten und den Topf 10 Minuten zugedeckt ruhen lassen. Vor dem Servieren den Reis umrühren.

++

Eventuell mit Algen dekorieren.

4 Frühlingszwiebeln

4 Päckchen Ramen-Nudeln mit beigelegter Brühe

2 Eier

300 g Rinderlende

RAMEN-SUPPE

Für 4 Personen
Vorbereitung: 10 Minuten • Garzeit: 15 Minuten

Die Lauchzwiebeln fein zerkleinern, in einen Topf geben (etwas Grün für die Dekoration zurückbehalten) und 1,2 l Wasser angießen. Mit dem Brühepulver aus der Ramen-Packung und Sojasauce würzen. Zum Kochen bringen und die Zwiebeln in 5 Minuten gar kochen.

Die Nudeln nach Packungsangabe in kochendem Wasser garen (2–4 Minuten). Abtropfen lassen.

Die Eier 5 Minuten kochen. Abgießen, schälen und halbieren.

Das Fleisch in feine Streifen schneiden, salzen und pfeffern. In einer Pfanne in etwas Öl 1 Minute anbraten.

Die Nudeln auf 4 größere Essschüsseln verteilen, die restlichen Zutaten auf die Nudeln legen, mit heißer Brühe übergießen und mit dem Grün der Lauchzwiebeln garnieren.

360 g getrocknete Yakisoba- oder Ramen-Nudeln

1 Karotte

2 Frühlingszwiebeln

5–6 EL Yakisoba-Sojasauce

YAKISOBA

Für 4 Personen
Vorbereitung: 15 Minuten • Garzeit: 10 Minuten

In einem Topf mit kochendem Wasser die Nudeln nach Packungsangabe garen.

Anschließend abgießen, mit kaltem Wasser spülen und abtropfen lassen.

Die Karotte schälen und in feine Streifen schneiden. Die Lauchzwiebeln klein schneiden.

Die Karottenstreifen in etwas Öl etwa 3 Minuten anbraten. Die klein geschnittenen Lauchzwiebeln zufügen und weitere 2 Minuten garen.

Die gekochten Nudeln und die Yakisoba-Sauce zugeben und 2 Minuten unter Rühren anbraten.

Sofort servieren.

++

Sie können die Yakisoba-Nudeln durch Ramen-Nudeln ersetzen und die Yakisoba-Sauce durch Teriyaki-Sauce.

ICHIBAN

½ Tütchen Dashi-Pulver

3 EL süße Sojasauce

4 Frühlingszwiebeln

400 g Somen-Nudeln

ZARU SOMEN

Für 4 Personen
Vorbereitung: 10 Minuten • Garzeit: 10 Minuten

Die Sauce vorbereiten: In einem Topf das Dashi-Pulver in 200 ml Wasser und der Sojasauce verrühren. Auf kleiner Flamme etwa 5 Minuten reduzieren lassen.

Die Frühlingszwiebeln sehr klein schneiden.

In einem Topf mit kochendem Wasser die Somen-Nudeln laut Packungsangabe garen (ca. 2 Minuten). Mit kaltem Wasser abspülen und abtropfen lassen.

Die Sauce in vier kleine Essschüsseln verteilen: Jeder taucht nach Geschmack Somen-Nudeln und Garnierung in seine Saucenschüssel.

++

Sie können dieses Rezept auch mit Soba-Nudeln zubereiten.

2 EL getrocknete Wakamé-Algen

250 g Kirschtomaten

350 g getrocknete Soba-Nudeln

100 ml Ponzu-Sauce

SOBA-SALAT

Für 4 Personen
Vorbereitung: 10 Minuten • Garzeit: 5 Minuten

Die getrockneten Wakamé-Algen in einer großen Schüssel 10 Minuten in kaltem Wasser einweichen, damit sie Wasser aufnehmen können. Abtropfen und mit den Händen gut ausdrücken.

Die Kirschtomaten vom Stielansatz befreien und halbieren.

In einem Topf mit kochendem Wasser die Soba-Nudeln laut Packungsangabe kochen (4–5 Minuten). Mit kaltem Wasser abspülen und abtropfen lassen.

Die Nudeln auf vier Schüsseln verteilen. Mit Wakamé-Algen und Kirschtomaten bedecken. Mit Ponzu-Sauce würzen.

++

Ponzu-Sauce können Sie selbst zubereiten, indem Sie zu gleichen Teilen Sojasauce, Zitronensaft und Dashi-Brühe mischen.

UDON
MIT ENTE

Für 4 Personen
Vorbereitung: 10 Minuten • Garzeit: 10 Minuten

Die Entenbrust mit der Hautseite nach unten in eine sehr heiße Pfanne legen und 5 Minuten anbraten. Zugedeckt beiseitestellen.

In einem Topf mit kochendem Wasser die Udon-Nudeln laut Packungsangabe garen (2–4 Minuten). Abtropfen lassen.

Das Entenfleisch in feine Streifen schneiden. In einen Topf 1,2 l Wasser geben, das Dashi-Pulver darin auflösen und die Sojasauce und 1/2 TL Salz hinzufügen. Zudecken und zum Kochen bringen.

Die Nudeln und die Entenbrustscheiben in vier große Schüsseln verteilen. Die Brühe noch sehr heiß darüber gießen. Die Entenbrustscheiben pfeffern und sofort servieren.

KIKKOMAN

2 TL Matcha Grüntee

1 EL Zucker

120 g Erdbeeren

½ l Vanilleeis

MATCHA-EIS

Für 4 Personen
Vorbereitung: 10 Minuten

1 TL Matcha Tee und den Zucker in 100 ml heißem Wasser auflösen. Abkühlen lassen, bis der Tee nur noch lauwarm ist.

Die Erdbeeren in kleine Würfel schneiden.

In jede Glasschüssel 2 Kugeln Vanilleeis geben.

Den Matcha Tee darüber gießen und mit den Erdbeerwürfelchen verzieren.

Mit dem restlichen Matcha bestäuben und sofort servieren.

++

Falls keine Erdbeersaison ist, können Sie das Eis auch mit Birnen zubereiten.

200 g rote Bohnenpaste (Anko)

100 g klebriges Reismehl

50 g Zucker

Kartoffelstärke (oder Maisstärke)

DAIFUKU

Für 4 Personen
Vorbereitung: 15 Minuten • Garzeit: 15 Minuten

Die rote Bohnenpaste zu golfballgroßen Kugeln formen. In den Kühlschrank stellen.

In einer Schüssel das Reismehl und den Zucker mit 150 ml Wasser verrühren.

In einem Dampfkocher Wasser erhitzen. Die Schüssel mit dem Reismehlteig in den Dampfgareinsatz stellen. Zudecken und 15 Minuten garen. Mithilfe eines Silikon-Kochlöffels umrühren.

Die Arbeitsfläche mit Stärkemehl bestäuben, darauf den gegarten Teig legen. Dick mit Stärke bestreuen, denn er ist sehr klebrig (nehmen Sie ruhig viel Stärkemehl). Eine Wurst formen und in 8 Teile schneiden.

Ein Teigstück nehmen und auf der Handfläche flachdrücken. Eine Anko-Kugel in die Mitte legen, den Teig darüber falten und den Daifuku verschließen. Den Vorgang für die anderen 7 Daifuku wiederholen.

1 gestrichener TL Agar-Agar-Pulver

1 EL Maisstärke

800 g gesüßte Kastaniencreme

8 kandierte Maronen

YOKAN
AUS MARONEN

Für 4 Personen
Vorbereitung: 15 Minuten
Ruhezeit: 2 Stunden • Garzeit: 1 Minute

In einem Topf 150 ml Wasser, das Agar-Agar-Pulver und die Maisstärke mischen. Zum Kochen bringen und 30 Sekunden köcheln lassen, dabei kräftig mit einem Schneebesen durchrühren.

Vom Herd nehmen, die Kastaniencreme unterheben und alles mit dem Schneebesen zu einer glatten Creme aufschlagen.

Die Masse in eine 12 x 10 cm große Form gießen. Die kandierten Maronen darauf verteilen. Bei Zimmertemperatur abkühlen lassen. Anschließend mindestens 2 Stunden in den Kühlschrank stellen.

Aus der Form stürzen und vor dem Servieren in Scheiben schneiden.

Arigato!

Vielen Dank an Patrice für den Beistand und an Aurélie für das neuerliche Vertrauen.

Fotos: Patrice Hauser
Rezepte & Styling: Laure Kié
Leitung: Anne la Fay
Redaktion: Aurélie Cazenave, Rachel Crabeil
Art Director: Julie Mathieu
Satz: Natacha Marmouget
Herstellung: Thierry Dubus und Marie Guibert

Übersetzung aus dem Französischen: Maren Partzsch
Satz: Christine Paxmann Text • Konzept • Grafik, München
Umschlaggestaltung basierend auf einem Layout von Mango P
Roman Bold & Black, Köln

Sonderausgabe

Gesamtherstellung: Ullmann Medien GmbH, Potsdam

ISBN: 978-3-7415-2184-3

www.ullmannmedien.com
info@ullmannmedien.com
facebook.com/ullmannmedien
twitter.com/ullmannmedien

IN DER GLEICHEN AUSSTATTUNG ERSCHIENEN

EINFACH LECKER